나에겐 암호가 걸려 있다

이혜자 시집

시인동네 시인선 126 이혜자 시집

나에겐 암호가 걸려 있다

시인동네

시인의 말

막연히 죽음을 동경했던 때도 있었다.
그리고 막상 죽음이 내게로 왔을 때
어떤 무기도 없이 맞서야 했다.
단지 살아있기 위해서

내 기도의 주인공
살려내고, 지켜준 분들
그들에게 감사의 마음을 전한다.

오늘밤에도 어제처럼
고맙습니다.

한 발 떨어져 내가 나를 마주하는 민망함을 견디며
이 글을, 그리고 나를 세상에 슬며시 내놓는다.

2020년 4월
이혜자

차례

시인의 말

제1부

12월의 은행나무 · 13
계란말이 · 14
감꽃 · 16
그녀가 남긴 생 · 18
만두를 빚다 · 19
개구리가 울고 있다 · 20
미꾸라지의 언어 · 22
밤낚시 · 24
곰팡이와 싸우다 · 26
빙글빙글 · 28
마당 쓰는 여자 · 30
집으로 가는 길 · 32
특별한 새벽 · 34
화장 · 36

제2부

자화상 · 39

나의 방에 관하여 · 40

나에겐 암호가 걸려 있다 · 42

하얀 멸망 · 43

육교 위 · 44

두통과 싸우다 · 45

파도가 옵니다 · 46

슬픈 이야기 · 48

해바라기 · 49

첫차를 타고 · 50

간결하다 · 52

모두 그래 · 53

구도자 · 54

그야말로 · 56

사월 · 58

제3부

낮달 · 61

연못에서 · 62

노랑이 좋아 · 63

플랫폼에서 · 64

당신 · 65

내 안의 바람 · 66

살아남은 자 · 67

타는 유월 · 68

답장 · 70

왜 · 71

그늘 아래 · 72

한결같이 · 74

억지웃음 · 75

베개 탓 · 76

밑줄 · 78

얼굴만 보고 왔다 · 79

주목받을 생 · 80

제4부

휴일 · 83

너를 위하여 · 84

공감 · 85

산책 · 86

어떤 밤 · 87

날마다 상상 · 88

상상하기 좋은 밤 · 90

너, 해바라기 · 91

해결되지 못한 구간 · 92

메일을 열면 · 94

심해물고기 · 95

한 뚝배기 추어탕 · 96

봄눈 · 98

정거장 풍경 · 99

시가 된 시인 · 100

해설 허술한 암호와 실존의 내막 · 101
　　　신종호(시인)

제1부

12월의 은행나무

노랗게 뜬 얼굴들이 후두둑 떨어졌다
큰딸네 다녀오다 또 멀미를 만나셨나보다
저 얼굴들이 아들의 노트, 남편의 점심값으로
주머니에서 구겨지기도 했지만
파란 대가리까지도 오롯이 오른
콩나물무침이 되기도 했다
달빛마저 몸살 나던 밤들
초입의 겨울까지 어머니 몸에선 구린내가 났었다
때를 탓하지 말라는 짧은 당부를 두로
죄 울퉁불퉁했던 길을 걸어 나왔다
알몸으로 첫눈에 맞선 나무
저기 12월의 은행나무가 떡하니 서 있다
말할 수 없는 설움의 열매를 또 내어주고
걱정 달고 기다린다
미운 정 고운 정 얇게 입고 떠난 자식들
은행 알맹이는 곳곳 술집에서 몸값 좀 한다는데
어디서 노랗게 노랗게 물들고 있지 않을까

계란말이

도마와 칼 사이에 잘려지는 야채의 중간음
가벼운 가락에 파, 당근, 양파, 풋고추, 백설햄은
속성을 버리지 않아도 될 만큼 썰려
풀어둔 계란 속으로 푹 몸을 담그고 서로를 굴려본다
도무지 엉킬 것 같지 않던 야채들이
끈끈이 주걱풀에 달라붙는 날벌레처럼 계란에 엉켜 허우적대다가
심심한 소금기를 입고 마침내 계란말이가 되기 위하여
기름으로 달구어진 프라이팬에 쭈욱 배를 깔고 눕다
안식은 마음먹기에 달렸다는 듯
앞쪽을 지지면 돌아눕는 속 보이는 여유
등짝과 뱃살에 도는 노르스름한 달관의 빛이 부럽다
계란말이가 필요한, 상기된 얼굴들이 들어온다
이불장 속에 개어둔 이불처럼 맞닿아 산다지만
아픔을 관찰하는 일 없이 서로의 곁방살이로 살고
콜록콜록 색다른 의성어를 뱉으며 앓아도
왔던 길로 나가기만을 오랜만에 온 감기에게 바랄 수 있을 뿐

이제 내 몸에 엉키는 것은 회충과 같은 몸 안 벌레들뿐이다
사랑하고픈 것들은 등 보일 것조차 남아 있지 않은 밤
계란말이는 입에 넣기조차 민망한
위대한 간식이다

감꽃

가서낼 수 없는 밤
근심을 풀어 풀어 감꽃 냄새 빈방을 들어차고
속속 어둠이 움츠리고 앉는다 좁은 방 안으로
막대처럼 핏대 꽂아가며 싸우는 취객의 파편이
억지로 이를 물고 있는 네 벽을 긴장시킨다
하루가 억울한 다리를 뻗을 수조차 없으니
동생은 어디로 갔을까, 녀석은
내 들숨도 약 오른 밤송이 같았기에
아이의 짙은 눈썹처럼 검게 타들어 갔을 마음
그 불만의 뼈를 생선가시 발라내듯 발라낼 수 없었다
아버지가 버리고 간 가게를
순서가 정해진 듯 뒤꼍 감나무에 목을 맨 어머니
밥상에 찬거리를 늘리는 다음 일은 나의 몫이었다지만
너무 오래 동생을 시래기처럼 묶어두었다
아무도 모르게 떠나던 날
키 높은 감나무가 떨군 감꽃을 모아
목걸이로 꿰어 누나에게 남겼다
그래, 둘 중에 하나라도

감꽃처럼 번지는 아픔을 몰랐어야 했다
네가 돌아오지 않는 밤
밤의 꽃등이 죄다 터져버릴 것 같구나

그녀가 남긴 생

조금 울었다, 잔에 커피가 식었고, 가끔 울리는 전화도 받지 않았다, 나를 알아차렸을 땐 그저 멍, 창밖엔 안개가 14층까지 올라왔다, 배고프지 않았고 거울도 보지 않았다, 중립에 기어를 둔 것처럼 그저 그렇게, 딱히 이유가 없었다, 병인 줄 모르겠지만 아픈 곳은 없는 듯했다, 그럼에도 고양이 꼬리가 다리만 스쳐도 엉엉거릴 수 있었다, 문득 단풍이 보고 싶었다, 소태 할머니가 보고 싶었다, 소태 할머니는 방치된 의자 같았지만 기억이 돌아오면 마당으로 나가 호미질을 했다, 고구마를 캐고 토마토를 심기 위하여, 자식들이 단풍 구경을 가거나 말거나, 기저귀가 축축하거나 말거나 호미를 찾았다, 남는 시간은 책을 거꾸로 들고 읽으셨다, 치매는 또 하나의 세상, 색종이로 하트를 접을 줄 몰랐고 꽃꽂이도 따라할 수 없었지만 콜라 한 모금에 짜릿한 웃음을 만드는 그 얼굴이 보고 싶다, 그래, 살아야겠다, 직장도 애인도 부모처럼 잃어도 나는 살아야겠다, 이유가 있든 없든 그래야겠다, 이름도 읽을 줄 몰랐지만 세상을 똑똑히 읽었던 그녀가 남긴 생, 시시한 첫눈 같은 생, 이 빌어먹을 생을

만두를 빚다

　만두 배가 터졌다, 힘든 외출이었을 것이다, 입술의 색깔로도 알 수 있다, 너는 기어이 만두를 빚겠다고 앉았다, 자꾸 터져 나가는 만두를 보기가 민망해 너는 과장해 일어섰고, 작은 휘청거림을 모두 알았다, 네 눈은 이미 장작개비처럼 달구어져 있었다, 알아서 위로하지 않는다, 손을 비빌 때마다 하얀 분말이 우리들의 독백처럼 떨어진다, 봐, 너를 가꾼 엄마의 손에서 살찌는 반달 만두, 이쯤 되면 어여 그 사내를 잊어야지, 식성 좋은 너를 위해 촉촉한 만두를 빚는 우리를 봐봐, 각자의 사연들로 만두소를 넣어 입을 붙이지, 그래서 그믐밤에 만드는 만두에는 비밀이 많은 법, 만두 태가 터져도 일부러 말을 걸지 않지, 꾹꾹 속을 밀어 넣어 빚은 만두, 만둣국에 고운 지단을 올려 새날을 맞아야지

개구리가 울고 있다

더욱 촘촘해지는 빗줄기와 사람들이 있다
차창엔 습기가 차기 시작해 뿌열 때
철암역에서 남자와 아이, 여자가 올랐다
남자는 손톱 밑이 까맣고
여자의 손톱엔 무당벌레 등껍질이 붙었다
철암은 폐광촌이라 산을 타는 물길도 검다
해바라기가 그려진 비닐 가방을 거머쥔 아이는
세상을 살아온 날보다 긴 기차의 내부를
제 보폭보다 크게 옮기며
낯선 사람들 사이를 오가며 웃어대고
창밖으로만 시선을 꽂은 사람의 눈을 꼬신다
기차가 멈추는 역마다 으레 아이는 넘어졌다
제 흰 옷에 얼룩이 지는 것도 모르고 깔깔 웃는다
누가 먹였을까, 맥주 냄새가 나는 아이의 입을 닦으며
사방을 흘겨보는 여자의 눈은
손톱 밑이 까만 남자를 더 잦게 바라본다
아이를 보는 남자의 저 눈빛이 눈에 익다
집으로 올 적마다 화단에 계시던 아버지, 그 아버지다

한참 만에 여자에게 풀려난 아이는 손을 흔든다
구름도 찡그린 들판으로 살구빛 손을 흔든다
젖는 줄 모르고 허수아빈 듯 서 있는 농부
새득새득한 손이 흔들릴 것도 같은데
쓰윽 골진 이마의 물기를 쓸 뿐
무논 속으로 쿡쿡 손을 찔러 넣는다
아이의 손이 젖은 종이비행기처럼 떨어진다
아이는 울어버린다
개구리도 벌써부터 울고 있다

미꾸라지의 언어

창자 터진 길 위에 넘치는 오물
소화되지 못한 차들이 늘어선 아침
짤막짤막한 목숨들에 대한 연민이 생긴다
듬성한 붓솔로 밑그림을 그리는
가로수만이 한가로울 수 있는 길
모아 노는 낙엽들을 밟으며 여자가 걷는다
종일 비가 내려 질척이는 땅을 여자가 곧게 걷는다
여자의 손에 들린 비닐 속에는
푸른 미꾸라지들이 몸부림친다
미끈거리는 몸끼리의 끌어당김은
닮을수록 밀어내는 자석처럼 애달프지만
얼큰한 매운탕을 끓여야 한다
더는 남편이 가벼워지면 안 된다고 생각하는
여자에게 죄를 묻지 마라
한 길로만 올라오는 태양처럼 고지식할 뿐이니
쉽게 굳을 것 같지 않은 땅 모퉁이
낡은 모자의 주인은 오늘도 웅크리고 있다
껌값도 못되어 부끄러운 동전들이

여자를 뻔뻔스럽게 응시한다
눈을 담갔다 빼는 여자의 손에서
미꾸라지는 더 요란히 꿈틀거리고
연민은 끝나지 않는 말줄임표가 된다
빈속으로 음악을 만드는 댓잎의 떨림
어지러운 속을 여자는 게워내고 싶다
책장에 박힌 글자들 틈에 살아왔으므로
울 줄도 모르는 여자
틀어쥔 비닐의 입구를 열자마자 미꾸라지들이
끈적이는 땅 위에 확 쏟아진다
부둥켜안고 불렀을 노래, 하얀 거품들과

밤낚시

어둠이 먹물 옷을 입혀버린 밤
물고기들도 강바닥으로 잠을 청하러 떠나고
물빛 드러나지 않는 강 위로
야광찌만이 알 수 없다는 듯 까딱까딱
불평 없이 촛불은 서성이며 가버릴 듯 말 듯
차츰 고이는 촛농처럼 눈 안에도 눈물이 찬다
7월 내내 어둠은 날을 세웠지만
아무것도 베지 못했고
입 안 가득 석류알 고름이 들어앉았다
생활은 손쉬운 일이 아닌 줄 알면서
장승 같은 하얀 초를 태워가며
질서가 있는 일에 질투를 했다
낮은 초의 머리로 고슬 오르는 연기
그 품에 안긴 달
구름 속에 숨었다 나타나는 달처럼
난 창백한 채 발견될 것이다
오늘따라 강 위에 슬그머니 뜬 생소한 달
저 달빛 아래에선 어망 속에 갇힌 고기들도

푸른 눈알을 감지 않고 퍼덕이며
삶의 끈을 놓지 않는다
눈감아 버리려는 낚시꾼 앞으로
보란 듯이 쑤욱 야광찌를 물고 쑤욱 들어간다

곰팡이와 싸우다

 심장이 멎을 때까지 비웃어라, 그래, 실컷 씹다가 붙여둔 껌 같은 영감, 드문한 이빨로는 가리기 힘든 웃음을 흘린다, 나를 겨냥한 저 웃음, 너저분한 방을 가끔 훔쳐봄이 틀림없을, 저 검버섯은 왜 이리 위협적인지, 시곗바늘은 여섯 시에 누워 움직이지 않는다, 왕년에 주먹깨나 휘둘렀을 영감처럼

 퉁퉁, 오늘도 곰팡이 녀석, 깜깜함에도 불구하고 더듬더듬 또 제 자리를 만들었다, 한 벽, 흐린 꽃들을 밟고, 이 더럽고 불쾌한 곰팡이, 이런 것들, 모기나 바퀴벌레 따위 살충제 한 방이면 죽는 시늉에 잠시 숨기라도 할 이것들과 죽을힘으로 싸운다, 나를 조금도 두려워하지 않는 것들, 자리를 조금도 내놓지 않으려는 인색한 꼴로 비칠지 모른다, 그러나 서른 해 동안 이보다 더 질긴 싸움은 없었다

 꼬르륵 꼬르륵 살고 싶은 소리, 소리가 뱃가죽을 두드린다, 쥐어뜯는다, 내게도 통로가 있었단 말인가, 하루쯤 탈출하고 싶다, 언제나 밖에서 잠긴 비상구, 곰팡이는 대체 어디서 피어나는지, 스멀스멀 틈을 노리는 곰팡이를 박멸하리라, 아니, 조

금은 덜 비굴한 모습으로 타협하리라, 3시처럼 웅크려 작전을 짠다, 싸움에서 이기기 위해, 저 웃음을 견디기 위해, 꼼꼼하게 전략을

빙글빙글

지구, 여름을 돌고 있다
아이들은 흠씬 취한 술꾼처럼 웃어댄다
지글거리는 오후에 증발하는 웃음, 웃음
저 돌봐지지 않는 아이, 타는 아이들

또 다른 나의 병은 빈혈이란다 취하지 않아도 돌고 있는 지구를 보지 않아도 어지러운 이유 몇몇 증거에 의하면 나는 이곳에 던져질 때부터 부실했다 늘 귀신처럼 음산하게 울었고 버스 노선도만큼이나 선명한 핏줄과 이것을 가리기에 부족한 피부 고양이처럼 웅크린 눈 유일하게 튼튼한 것이 있다면 깊은 밤 천장을 뛰어다니는 쥐처럼 활동하는 귀 하긴 이 귀 때문에 소곤거리는 부모의 음모를 한 번도 놓치지 않았다 이런 나를 그들은 징그러워했다 비단개구리보다 더 누구나 이리저리 징그러운 나를 떠넘기기만 했다 수없이 굴러 도착한 여기 오늘도 비잉글 지구 속에서 뚝 뚝 떨어지는 별을 본다

지구 밖에서 한 발로 지구를 돌리는 아이들
등살에 낑낑 지구가 돈다

가끔 기회 엿본 바람이
뻔뻔한 도둑처럼 들어오더라도
타는 여름빛 아래 빙글빙글
웃음이 도는 지구에서
갸우뚱하게 갇힌 아이들을 만난다

마당 쓰는 여자

어미 개의 불은 젖을 문 다섯 강아지, 저들의 끈끈한 평화를 들여다보며 스텐 밥그릇 가득 소주를 따른다, 멀건 그의 눈빛을 생각하며 취한 것도 어설프게, 어미 개의 남은 젖 하나를 물어버리고 싶다, 어미 개의 그늘진 배에 주렁주렁, 초파일 등불처럼 새끼들과 매달리고 싶다, 구원해주소서

저 가계가 깨어져라
밥그릇을 내동댕이친다
박살 나지 않는 스텐 그릇
어미 개는 놀란 눈으로 쳐다본다
나와 마주친다
눈을 돌려버린다
나도 나를 외면하고 싶다

저 여자만이 나를 버리지 않았지, 둥근 마당을 뛰어놀던 아이를 기다리며 마당을 쓰는 여자, 어미 개는 언제 또 제 새끼를 팔아버릴지 모르는 여자의 동정을 살피며 막 낳은 새끼들을 보듬고 있다, 어미 개의 새파란 위기를 모른 척 마당을 쓸

고 있는 저 여자, 마음을 쓸고 있다, 비질을 피하려 눈알을 굴리는 어미 개, 삽 속으로 들어가는 것은 기다림 또 기다림, 골방에 누워 눈에 선한 그림을 떠올리며 참고 참아본다, 빈 젖, 구원의 젖을 물고 싶음을

집으로 가는 길

 집으로 가는 길, 오선지의 검은 음표처럼 서만 있는 가로등 그리고 달빛, 오랜만에 길을 밝히네, 남의 자리를 꿰찬 음흉한 악사처럼, 불평 많은 악기들을 구슬려 협주곡을 뽑아낸다, 거 참 요란한 매미들, 귀를 찢으며 마음을 할퀴며, 터벅거리고 걷는 발걸음을 열심히 위로하고 있다, 눅눅한 밤공기처럼 칙칙했던 하루를 멋들어지게 포장하라

 아무 때나 감동하는 사람은 있는 법! 골목 모퉁이에 헤어지고 있는 연인, 술김을 빌어 저들의 어깨를 감싸주고 싶다, 저런 한때는 누구에게나 있는 법! 술기운에 주저앉으려는 다리에 힘을 주고 건조하고 단단한 사람처럼 스쳐 걷는다, 아! 불행히도 슬픔은 어디에나 있지 아래층 위층 해변이나 내륙에도, 그나저나 여자는 왜 그치지 않는가, 잠든 골목을 들쑤시는 고양이, 저렇게 북받치는 이유가 사랑이라니, 아니야 아니야, 예고편만으로 짐작할 수 없는 반전들의 앞날들, 당신들의 이별에 침이라도 발라주고 싶다만 뚜벅뚜벅 내 길을 가련다

 저쪽에서 긴 그림자 하나 덤덤하게 걸어온다, 피리 부는 사

나이처럼 매미 소리를 달고, 어, 아는 사람, 배웅 나온 이의 팔짱을 끼고 파노라마 같은 길을 걷는다, 눈시울이 잠시 뜨거웠다, 휘청거릴수록 새로 이사 온 집은 너무 멀다

특별한 새벽

새벽, 다른 별에서 온 듯 집 안을 배회하다
발소리 숨소리 죽여 눈을 번쩍 귀를 활짝
반란같이 꿀꺽 물 넘어가는 소리
모란이 아직 살아있는 소리
금방 담을 넘은 고양이의 꼬리
매섭게 사라지는 바람
알레르기로 눈알까지 부은 새벽
선명히 마음으로부터 소리가 들리는 새벽
다시 따뜻한 옆자리에 눕고 싶은 새벽
바이러스처럼 활동하는 형용사들
고맙다, 미안하다, 따뜻하다, 슬프다, 흐리다
퉁퉁 젖은 느타리처럼 갈기갈기 찢고 찢긴 날
바람에게도 쉰내가 스민 날
푸른 이끼를 덮어쓴 나무처럼 죽은 척한 날
달달하거나 토닥임이 필요했던 날
안정적이며 정적인 동지같이 사라졌다 등장한
형용사들의 변명에 홀로 무너지는 새벽
다시 사랑하고픈 새벽, 차라리 미쳐버리고픈

아직 말랑말랑한 새벽
나의 결말은 작은 위로에도 처절히 무너지는 것
새벽 배송된 싱싱한 단어 한 꾸러미
반품하지 못할 독약을 마시고
강렬하게, 아주 절박하게
새벽, 이 별의 주인공이고 싶었음을 기꺼이 망각하다

화장

화장(化粧)을 해요
밋밋한 하루의 위로
톡톡 꽃가루를 골고루 퍼
한 끝 한 끝 완벽한 대칭의 눈썹을 그리고
속눈썹에 눈썹 날개
피크닉자리만 한 이마는 가리고
양 턱선 따라 그늘을 넣지만
양 볼엔 핏빛 생기를 넣지요
오늘의 포인트라면
두꺼운 선으로 입술을 마무리하는 것
생이 끝나면 화장(火葬)해 주세요
꽃이라면 흰 꽃 아닌 붉은 꽃으로
애인이 늦어도 슬프지 않을 테니
선곡한 음악은 꼭 틀어주시고
어두워지면 엉엉 울어도 좋아요
이런 날엔 무너져도 소문나지 않아요
좋은 날인가 봅니다

제2부

자화상

 그리 오래되지 않았다, 고물이 되기까지, 째각째각 그리고 오늘, 나는 해고당했다, 마지막으로 돌아온 아내가 잠든 측은한 새벽, 큰아이는 재에 파묻힌 불씨를 호호 아빠의 자존심을 피워 이른 상 차리고, 도라지 꽃대처럼 누웠다, 차마 넘어가지 않는 것들, 가로수에 꽂힌 교차로, 벼룩시장, 타임즈, 차암 세상 쉬운 일자리, 현관 밖에는 상관없이 굴러가는 열차, 쓸모없는 것만 또랑또랑 눈뜬 새벽, 어스름한 골목, 쓰레기는 실려가고, 신문과 우유는 배달되고, 어슬렁거릴 수 있는 길고양이, 점멸 중인 신호등, 무단횡단이란 모르는 그, 회색의 전봇대

나의 방에 관하여

여긴 한 마리의 박쥐나 종유석
으스스한 공기도 없는 동굴
다름도 닮은, 나만의 방입니다
지도에는 점조차 없지만
아메바처럼 앉은뱅이책상에서
뭉툭한 연필로 긁적이다
켜켜이 잠든 먼지들과 시국 얘기를 나누며
덜 죽은 곰팡이 얼룩을 감상하기 딱인 곳
새로운 길을 찾기 좋은 조건입니다
가끔 숨쉬기가 곤란하거나
수제비 같은 두드러기가 독기처럼 번질 때
제대로 사는 것이 뭘까
왜 익숙해질 듯 말 듯 할까
감탄사들은 어디로 갔지
성큼성큼 다가오는 물음표
이쯤 되면 이쯤 되면 말입니다
지식in에 물어보시죠
비상구같이 해답은 없을지 모릅니다

다만 고비를 못 넘긴 주검들
갈고리마다 걸려 빙빙
부적처럼 이 방을 지켜줄 겁니다
제 방은 안전하죠

나에겐 암호가 걸려 있다

고요합니다
쥐 죽은 듯이 사방이 이러합니다
폐경 지난 꽃의 마르는 소리
마른 목에 침 넘어가는 소리
건전지를 빼버린 시계처럼
넘어가기를 기다리는 책장
슥슥 뭐든 기록하고픈 연필
숨조차 쉬는 것이 없습니다
쓰다듬어봅니다
손등에서 쭈욱
오른쪽 왼쪽 두 볼도
가슴도 쓸어봅니다
봉지마다 꽃씨가 담긴 듯
폴더마다 나눠 담긴 나는
클릭으로 열리지 않습니다
당신이 두드리면 열리고 마는
나에게도 꼭꼭 심어둔
허술한 암호가 있습니다

하얀 멸망

좋아한다던 안개꽃을 둘둘
신문에 말아온 그녀
콩국수 한 사발 급히 말아 먹었단 말에
소박한 초대가 미안하다
잘못 그려진 지도처럼 핏줄 불룩한 손
쓸모없는 걱정과 한숨을 피우다
서울 간 딸의 갑작스런 귀가 소식에
벌떡, 아주 벌떡
새로 물들인 머리칼 몇 가닥과
별처럼 빛나기 시작한 꽃을 두고
마중을 나갔다
딸에게 이르지 못할 그녀의 독백
제발 편입은 말아다오, 숨 좀 쉬자
기다리지 않는 그녀 대신 마주한 하얀 꽃
망울망울 놓고 간 그녀의 마음송이
사랑이란 사랑
모두
멸망해버려라

육교 위

 오전 11시, 한파주의보가 해제된 날. 그는 수행자처럼 엎드려 있습니다. 바람에 날려버릴까 엄지로 몇 장의 지폐를 누르고, 짧은 여름 양복이지만 센스 있게, 발목 양말과 아직 굽이 멀쩡한 구두를 부끄럼처럼 꺾고, 보다 낮게 두 손 모으고 있습니다. 튼튼한 육교, 그의 요새

 (야박하신 분 당신의 지폐는 저의 만찬, 주머니에 알아채지 못한 자비가 있을 겁니다. 망설이지 마십시오, 시련을 빠져나갈 구멍을 찾지 마십시오, 당신은 구세주)

 나여! 함부로 동정하지 마라. 저 옆얼굴의 긴 콧날, 길쭉하고 보들할 손가락, 꽃을 피울 입김, 은밀한 젊음, 마네킹 몸매, 자주 만나면 설정 같은 무대, 육교 위에선 찌걱찌걱 노 저어, 큰 걸음으로 걷는 것, 재차 경고하지만 쉽게 주머니를 털리지 마시라. 육교 위, 익숙한 위장

두통과 싸우다

만국기처럼팔락팔락, 구식세탁기처럼투덜투덜
여닫이로들랑달랑, 생각들이만드는두통
긍정의섬유유연제를넣어, 탈수한번눌러주세요
타이레놀쯤이겨먹고, 라벤더향으로날아가지않는
두통, 기발한처방없나요

벌집같은머리로, 치맛자락놓지않는막내와
당신을기다려요, 빈손으로들어오지않는당신
여기저기발라온바깥얘기, 시원한복숭아같은
어쩌죠, 두통의가면은두꺼워요
이런, 엄마눈에물이들었다고야단입니다
웃음도걱정도, 두통은잡식성
확실한처방, 어디없나요
두꺼운벽을끌어덮고, 두통에게들어요

파도가 옵니다

싱싱한 생각
기적이 필요하죠
그녀는 파도를 따라 떠났습니다
열일곱 아이의 신발을 안고
한 걸음 걸음
세상 밖으로
노을의 아름다움을 보냈습니다
해변의 평화를
하늘 한 조각을 보냈습니다
그녀는 나에게 오는 파도
여리고 부드러운 것을 가져가는 파도
냉장고에 딱 붙은 따개비
고지서함이나 서랍 귀퉁이
달마만 웃는 집구석으로
두드림에 꼼짝도 않던 교만이 움직입니다
노랑나비의 날갯짓으로 꽃들이 웃습니다
창밖 아이들의 웃음소리
포트에서 보글보글 물 끓는 소리

불순물을 제거하고
나의 내부가 열리려 합니다
멀리서
그녀의 파도가 옵니다

슬픈 이야기

남들은 슬픈 내막을 좋아하지
강의랍시고 떠드는 말보다
사마귀나 할 철학보다
성공한 거미의 이야기보다
내 슬픔이 강의실에 흥건할 때
저들의 눈이 밝다
말 도둑으로 사는 것보다
마음 도둑으로 사는 것이 낫다
풍등 같은 눈들이 이야기한다
책을 벗어나서야 사람이 보이고
길을 벗어나서야 그 길이 보이는 것
사내구실 못해도
그는 입 놀려 연애질 중일 것이다
결말은 과격했으나
초라함도 제 것이면 위대하지

해바라기

자주 담벼락에 붙어 울었다
가족도 많았고
누구도 오래 짐작하지 않았다
하기 힘든 심부름, 잃어버린 신발
벽돌 위의 낙서, 손톱이 부러진 이유
나를 듣는 사람도 없었다
비쩍 말라 커다란 얼굴로
벌들의 웅웅거림에도
미련케 버텨 선 몇몇 해바라기
노란 혀꽃들이 살랑살랑
제 말보다 바람의 말을 전하며
눈물을 말렸다
마흔이 넘어
샛강, 목화꽃 옆에서 그들을 만났다
분가해 새로 생긴 가족에 이웃까지
고비마다 노란 포스트잇을 붙여놓은
성장 앨범 같은 한 잎 한 잎
웃어주었다

첫차를 타고

밝음 한 방울 떨어진 아침
첫차를 타고 병원으로
바빠 보이는 사람들
멀쩡해 뵈는 사람들 틈에 끼어
일어나지 않은 나뭇잎처럼
세련미 부족한 새처럼
환함 속에 전부를 맡긴다
노랫말처럼 삶이 되더라는
이미 져버린 어느 가수의 지론
행간마다 감춰진 그 생의 쓰림을 헤아리며
목젖이 데거나 말거나 한 잔
한 잔의 커피란 싹싹 두통을 쓸어가는 빗자루
훨훨 날고픈 하늘에 마음을 옮겨준다
마스크를 벗고 가발을 벗어던지고
훨훨 멋지게 날자
무뚝뚝하게 밝아오는 검은 기적
아스팔트를 씩씩하게 달려가는 첫차
흰 건반 검은 건반 음표 따라

컴컴하거나 울퉁불퉁한 길도
통과 통과

간결하다

두번쓰러지고대부분의말을잃었다
없이도사는것
아직넘치게가진것들
차고드센바람을가르며
낙엽들이날아오른다
긴시간을물고꽉닫힌두알의호두
손아귀에서구르는언어
내소리를듣고는맞장구를쳐주네
대부분싸우기위해쓴말들
바닥이드러나고보면
삶은간결해있다
뜨겁고눅눅한바람도끝난지오래
일부와이부로나누어졌던
한사람의이야기
파란만장한듯해도착각이지
묶었다풀리는인연들

모두 그래

늦게본자식은쑥쑥
입사시기불문빠른퇴직
이리저리학원에서빨리빨리자라
편의점불빛의그림자가되었네
수명다된편의점전자레인지에서
야들한아이들속으로들어간핫바
뱃속부터반항의불을끄고
바통을이어받을준비
행복이란지구의사막
때로바통을던져버리고싶다면
하루에지구를돌며
보약없이버티는아빠를생각해
동그라미에빨간밑줄
교훈은암호로남겨
불가사의한일이지만
모두그래

구도자

한 발의 총알은 늘 장전 중
손님처럼 들어오는 남편
밥상 앞에서 투덜거리는 아이
자주 길을 잃는 아이
함부로 대하는 이들로부터의 반란
곰국이 끓어 넘쳤고
팬에 눌어붙어 고등어는 일으키지 않았다
냄새들로 꽉 찬 집
날마다 머리를 만지는 여자네 집
작은 반란도 성공한 일 없는
마흔의 귀도 열넷의 귀도 들어주지 않아
얘기는 맴맴맴 매미의 언어
도서관에 감금된 연구나 이론 없이도
날마다 새로운 문제를 풀어 온 그녀
사랑을 믿지 않는 그녀
과감하게 새끼를 낳은 그녀
송두리째 머리털을 뽑아 버릴 듯해도
말이며 손놀림까지 솜사탕같이 친절

황폐함은 널어두고 출근한
곧 구도자가 되고 말 그녀

그야말로

희귀병 찰리*의 첫 생일을 본 사람은 없다

소도시의 한 원룸에서 세 주검을 찾아냈다
부활하거나 구원받지 못한 일요일이 지나고
머리칼 부스스하게 일어난 아침
소나기는 자비처럼 쏟아졌다

둥그렇고 차가운 문고리를 당기기까지
극락으로 걸친 구름다리를 지나고
날마다 합장 중인 연꽃들 지나
열반에 들지 못해
거듭 만나는 보리수와도 마주쳤다

절반의 공간을 차지한 우리들의 그
지극히 멀고 먼 실눈
깨달은 이의 입꼬리
무릎 위의 가지런한 손
조아린 중생들의 뒤통수를 쓰다듬어야 할

우리들의 그는 아랫목에서 직무유기 중

그야말로 세상의 구경꾼
그야말로 꿈 아닌 꿈

---

*찰리 가드: 2017년 7월 28일 미토콘드리아 결핍 증후군(ADS)이라는 희귀병으로 사망한 영국의 아기.

사월

사월에도 마른 그를 보았다
여전히 말을 만들지 않았다
입 안의 혀처럼 방황하는 그에겐
그만의 규칙이 있다
그렇다고 함부로 짐작하지 마시라
목 놓아 떨어진 동백을 줍는다고
시선을 멀리 두고 중얼거린다고
그는 짧은 바늘처럼 움직인다
몽실몽실 사월의 산
초록 살이 오른다
그에게도 초를 재면서 달려온 시간이 있다
속으로 말을 삼키는 당신이라도
어떤 슬픔이 있었을 것이라 짐작하지 마시라
미움과 고움으로 버무려온 둘의 생
기억처럼 사라진
우리들의 생은 결코 합작품이 될 수 없는 것
수술만 남은 꽃
그의 걸음은 사월을 지나고 있다

제3부

낮달

있지만 볼 수 없는 것
모르게 곁에 있는 것
숨은 자도 숨긴 자도 아닌
낮이나 밤이나
그 빛 그대로 머무는 것

나는 나대로
너는 너 나름으로 돌 뿐
만나선 안 되는 위성들
꼬리를 달고 은하수에서 낙하한 별
그저 조금 다른 돌덩이

우리들의 얼굴

연못에서

　연잎은 어느새 초록을 입었다 흐린 날도 광합성을 하며 날로 모습을 바꾸는 통에 내내 마이크처럼 꽂혀 봄바람마저 진혼곡을 부르던 검은 연밥에 대한 경의도 잊었다 이 연못의 진실은 이제 결코 아름답지 않은 사람들의 진실과 더불어 감쪽같이 물속으로 가라앉는 거다 나를 토닥이던 너의 위로 물 위에 비친 너의 웃음 엷은 미소는 야비했다 수많은 감탄사를 부르게 할 연꽃들 너의 발은 물속에서 따가운 여름을 은밀히 버텨라 너를 격려하마 이 연못 거대한 성토장에서

노랑이 좋아

노란 장화를 햇빛에 널고
노랑 고무줄로 질끈 머리를 묶고
뭉툭한 참나무의 버섯처럼 자라는
아이와 소꿉놀이
노란 찻잔에 국화 한 송이를 띄워두고
노랗게 물 빠진 멍 자국을 구경시킨다
엄마는 걱정 벌레
밝고 따뜻한 아이
굳이 그림 속 얼굴을 노랗게 색칠하고
깔깔깔
놀이터 할아버지의 얼굴도 노랗다
사탕 하나에 악수를 받아주었던 아이
모르는 사람은 조심해야지
다행히 왜라고 묻지 않는
빨갛지 않고 파랗지도 않아서
노랑이 좋은 아이

플랫폼에서

애야, 얼굴은 마음에 찍어라
행여 무거울까 편지는 말고
몰캉한 손이 꼼지락
작은 신호가 오면 슬그머니 놓아
거리의 은행나무도 시월엔 아프지
너에게만 불량품인 아이
종점은 언제나 파라다이스라 믿고
맘껏 흔들어라
마중보다 즐거운 배웅
우리들의 연결고리
새 페이지가 열리는 그곳
플랫폼

당신

당신이 오면 어떨까
노을에 물들지 않고 닥치는 어둠
어둠을 몰고라도 예고 없이
그러면 나
항체를 말끔히 제거하고
들풀 이야기를 모아 기다릴 텐데
죽순처럼 솟는 고요
바램은 늘 빗나가는 것
대숲을 지났나
나는 당신이 모르는 역
쌩쌩 멈추지 않는 기차

내 안의 바람

 오늘도열대야,너의이름도부를수없지,뒤적이다만교차로 몇장으로바람인지바램인지어떤일도일어나지않아,너는보고 싶은데,욱여넘긴밥처럼욕망을누르고,축늘어진나뭇잎들아 래개미의장애물로앉아있다,엄마,죄송해요,하지만…그래… 어쩔수가없…어요,또지워지는하루,밤이면더늙어버린사람 들이자리를깔고,빈속에치얼…스,땀내도건배,마셔!투박한어 머니의손에서나온용돈이겠거니,한잔해,친구야,네잔에취한 다,참멋진인생,줄지어과자부스러기를메고들고개미들은취 하지않고집으로집으로,긴행렬위살살나뭇잎을흔든다,나에 게도필요한위로,툭툭터지는꼬마들의비눗방울,후후,때를놓 치지않고불어닥치는,내안의태풍

살아남은 자

일어나 뉴스를 보고, 쌀을 씻었다
찬장에 넣어둔 소주를 한 잔 들이켰다
모서리로 거미는 새 덫을 친다
이불을 털었고, 환기에 먼지까지 닦았다
소리에 후드득, 까치까지 모두 이동
장바구니에 물건을 담듯
꾸역꾸역 헛밥을 놓으며
말벌과 눈을 마주쳤다
사라진 집터를 다시 찾아온
살아남은 자였다

타는 유월

운전중
검게번들거리는아스팔트에
주행선을그리는이들
휴대폰가게도블라인드내린
유월햇빛에눈까지따끔거리는정오
문상(問喪)간다
친구의뵌적없는아버지
마른슬픔으로운전중

우리는진화했고, 발전했는가

오늘인터넷엔
붕어잉어향어의아가미들
빠르고크게벌렁벌렁
한나절이면말라버릴주검들
찰랑찰랑했던보금자리
조개들도해를향해입을연
이젠그들의무덤

조각난 저수지

조금 더 진화했고, 발전했는가

답장

평면 위의 멍게 같은 말
중심을 안에 두고 쏘는 화살들
노란 편지지 위의 네 말
방바닥엔 말라버린 휴지
구겨진 종이 그리고 심 닳은 연필들
쏟은 단어들과의 전투
마침내 새벽의 동쪽 하늘처럼 맑은 머리
그럭저럭 봉합된 마음
얼룩덜룩한 속 깎고 다듬다듬
아픔을 이긴 위대한 기록
한 장의 고품격 영양제

왜

가구들 몇, 삐뚤어진 옷걸이
책상 위엔 뾰족한 연필
그리고 종이들
허겁지겁 여기를 떠났었구나
먼지들도 켜켜이 잠든
오래 비운 방
깊은 동굴을 발견한 것처럼
성큼 발이 떨어지지 않는다
왜, 내 감탄사는 사라졌던가
왜, 쉽게 멍들었을까
왜, 거울을 보지 못했을까
왜, 제대로 살겠다고 결심하지 않았을까
왜, 사는 것이 익숙하지 않았을까
미래에서 온 휴대폰을 들고
계속 살아가는 법을 검색한다
수제비 같은 두드러기가 불쑥불쑥
뭉뚝한 마음에 퍼지는 독(毒)

그늘 아래

미쳐버리지 않았을까
약간의 최면이 없었다면
애써 의미를 만들지 않았더라면
세상 이 구석에나 있었을까
미화시키는 습관이 없었던들
여기까지 삶을 포장할 수 있었을까
아― 속아버리지 않고
어떻게 멀쩡할 수 있지
계절을 맞는 풀꽃 하나, 씨앗 하나
당신들은 어떻게 삽니까
추측만으로 당신의 삶을 짐작하는 죄
죄를 속죄하고 싶습니다
당신의 목숨을 뚝 꺾어버리는
손 따위 잘라버리고 싶습니다
당신의 독기 없는 모습
마음이 저립니다
이파리 하나 하나, 울퉁불퉁한 가지들
삶의 비결을 퍼트리듯 출렁입니다

그늘 한 뼘을 오늘도 빌려
감히 쉬어 봅니다
어디서 날아오는지도 모른 채

한결같이

어깨에 멜빵, 적색 상고 모자, 비스듬히 멘 가방
꼿꼿함의 역사를 모시는 지팡이
머뭇거리는 봄
머뭇거리는 아침을 걸어
한결같이 걸어 어디로 갈까
그의 뒤통수를 상상하다
이쯤에서 놓쳐버리지
미행의 결말은 수수께끼
가로수만 남을 때까지
한결같이 걸어
일부러 잃어버리지
서로 알아도 알아차리지 않을 때
상상은 희망적 결말을 맺지

억지웃음

나도 가끔 웃었다
한참 동안 눈을 피하다
그녀는 마른 장작처럼
확 달아오른 얼굴에
슬쩍 억지 미소를 지었다
쉰 넘은 백발의 머리칼이
자객의 칼날처럼 빛났다

어둠은 빛의 공존
삶과 죽음의 동거
행과 불행의 작당
정상과 비정상의 공존
웃음과 눈물
억척스런 굴레를 벗은 그녀
부끄럼 많은 미치광이
비로소 생화 같은 여자
로션을 묻혀 도배풀 바르듯
그녀는 엄마의 얼굴을 쓸었다

베개 탓

높은 베개 탓이다

머릿속에 새로운 전류가 흐르듯
다시 세포가 살아난 듯
만나는 사람마다 시비를 걸었다
발악에 가까운 논쟁
거들떠보지 않는 소란
무섭고도 시원한 가슴 한쪽

눈을 떴다
눈꺼풀은 무겁고
입 안은 가을 잎처럼 말라 있다
발바닥엔 굳은살이 만져졌다

행운일지 모른다
스릴러와 동화의 세계를 오갈 수 있는 것
꿈이 아니고서야
어디서 발악이 가능할까

어디서 쾌감을 느낄까

아무렴 베개 덕이지

밑줄

문장 아래 밑줄 긋다
속 무른 배추마냥
썩은 속내 들킨 것 같아 놀라고
등장인물들에 동의, 반발하면서
새로운 발견인 듯
조사 하나 마침표까지 꼭꼭 이어
속속들이 알고픈 연인처럼
한 장 한 장을
한 겹 한 겹의 페이스트리 녹이듯
허술한 속 채운다
생의 한가운데*
남의 생에 푹 빠져
끼니도 거르고 밑줄
부들부들 떨며 긋는 밑줄
대놓고 훔쳐본 흔적

---

* 루이제 린저의 책 『생의 한가운데』.

얼굴만 보고 왔다

그 찻집
사소함이 고인 곳
기다림 없이 앉아 있기 어려운 곳
노랫말이 데려다주는 곳 어디쯤
부담스러움도 알록달록했다
훌륭한 양념이 없어도 식욕이 났다
썩는 속마저 들키고 싶었고
한숨 또한 가벼웠다
탐스러운 주름이란 말이 있기나 한가
말의 의미들은 아직 충돌 중인가
눈을 잔에 두고
마음을 멀리 두고
굳이 고개 들지 않고도 보이는
얼굴만 보고 왔다
사소함의 알맹이
사람들의 말 씨앗이 뿌려지는 그곳에서
지금이라면, 어쩜
다시, 새로, 시작할 수 있기도 했다

주목받을 생

배설의 당당한 변(辯)
광기가 조절되는 필수과정
하루의 끼니, 갈등 그리고 사랑들
튼튼한 생을 위해 빠져나가는 마지막 생기
쏴아 물을 내린 다음
비로소 진통제 같은 안도감
커튼 뒤의 어둠처럼 들키지 않고
가벼움으로 생을 무장하다
가자, 무대에 올랐으니 한 번은 주연 배우
가자, 부등호가 입을 벌릴 때
날마다 아랫배에 힘을 줄 수 있는 건
주목받을 생이 오지 않았기 때문
변덕의 역사
위태로운 자기장
뭐 어때, 언제나 욜로

제4부

휴일

어질러진방,널브러진자유
두부를썰며반듯함을경멸해본다
한발로허공을차보며
목을비틀어한차례창밖을보고
멍하니훌라후프를돌리다
바뀐채널의라디오를들으며
과장해웃어본다
어설프게포장한녀석들의이야기
날달걀처럼쉬깨지기도하며
삶은달걀처럼연한속을가진
낮술을함께하고픈이들의이야기
들리지도않을손뼉까지쳐본다
네모에서만들어내는웃음
일탈의끝에누워
네모난방가득
여러그릇의휴일을희망하며
쪼글쪼글한잠을심는다

너를 위하여

등 굽은 백발의 노파
허리춤 가득 땀내를 쑤셔 넣고
풍성한 장미 수레를 끈다
쭈글쭈글한 손에 끌려가는 수레 가득
꽃향기가 파리처럼 설친다
지하 어디쯤에서
주문 따라 매스실린더에 개량돼
부글부글 끓여졌을
검붉은 음료를 마신 꽃들이여
아카시나무를 닮은 여리고 푸른 독은
배신인가 복수인가
그토록 저를 사랑하였으나 꺾으려던
릴케에 대한 저주
그녀의 선물의 되길 거부한 채
수북수북 독이 되고 말았나
오래전 쉰하나를 거뜬히 넘긴 노파의 손에
장미의 가시가 후둑후둑 떨어졌다
지독한 유혹으로 포장된 한 다발

공감

오징어를 썰고, 소라를 까고
목을 데워 흥정하는
새벽 부두의 싱싱함
빈 배로 귀가한
가장(家長)의 힘을 나눠 드는
플랑크톤같이 번식된
여인들의 의리
참으로 씩씩해 뵈는 여인들
장갑 속 언 손을 만져주고픈
타는 장작을 덥석 들어 발밑에 숨겨주고픈
커피에 설탕쯤은 과잉으로 넣어주고픈
팔려나가는 검은 비닐
경계선을 넘는 타국 어선
부두로 밀려든 쓰레기
먼발치의 가족과 이웃 아내들
검은 비닐에 꾹꾹 덤을 넣는다
시커멓다는 그 속을

산책

  하늘이 어떤 색이었을까, 종일 몰두했다, 개구리 장미 하트 그리고 다섯 마리의 거미를 접었다, 알람을 해제하고, 씻지도 않고, 인터폰에 응답도 하지 않았다, 물론 기도하지 않는다, 아주 치졸한 방법으로 시위 중이지만, 슬픈 나에게 협조 중이다, 괜찮다 괜찮다…… 격렬했었다, 무한리필이나 다름없는 따발총처럼 쏟아내더니, 능력 부족이란 마침표를 찍었다, 결국 울고 말았지만, 변명 같지만, 마지막 방어였었다, 손가락에서 시작된 쥐가 사부작사부작 머리까지 올라온다, 장미나 하트도 널브러진 채 그대로, 개구리도 거미도 움직이지 않는다, 단절을 위하여 커튼도 걷지 않는다, 너의 낯빛이 중요하지 않고, 너의 말이 오염되었을 때, 산책이나 해야지

어떤 밥

자신 있게 외치는 알람
미처 삼키지 못한 밥을 물고
예쁠 것 없는 교복
덩치 큰 가방
구겨 신은 신발 뒤축에 인사를 밟고
틈새 찾아 떡떡 붙는 잔소리 달고
등교하는 아이들
또, 아침
막내의 밥그릇엔 투정의 밥풀들이 말랐고
밥 벌러 간 그의 밥이 묵직이 남았다
…민중은 개 돼지…
웬 작자의 취중진담이 아침 뉴스의 메인
반찬은 별 같은 욕
내 밥 남은 밥
한 숟가락의 함축을 꼭꼭 씹는다

날마다 상상

화풀이가 일상인 아버지
먼 발자국 소리에도 얼어붙는 엄마
잠든 척하는 동생들을 두고 논둑을 달려
느티나무 잎들의 노래로 위로받던 소년
탈피에 탈피 도망에 도망
거울 안엔 오늘도 그럭저럭 아는 놈
치매 아내의 손을 잡고 투신한 얘기
바람난 아내를 둔기로 때린 사내 얘기
연일 성장곡선을 그리는 부장님의 목청
폭력의 촉수를 흔드는 세상
아버지 가신 오늘 같은 날
핑계 삼아 펑펑 울고 싶은데
영그는 대추들보다 빨리 자라
울음 따위 틀어막는 아이들
내 소리 좀 들어줘
신도 듣지 못하는 소리
내 안에 터져야 할 거품 같은 분노
화풀이를 해볼까

아침이면 반짝반짝 구두를 닦아주는 아이
미리 내 판결문을 상상케 하는

상상하기 좋은 밤

당신 아버지처럼 버틴 낮
대단해 보이지만 그것은 허세
상상하기 좋은 밤
독주로 오지 않을 내일을 게워보자
출근하지 않아도 좋다
밥상 차리지 말고
종일 노래나 부르자
생의 부작용은 미화한 시간들
노래가 통곡이 될 때까지
버릴 수 없는 날이 밝아온다
실컷 울어나 보자
그림자만이 홀로 현관문을 나서 준다면
이름표 죄 떼고 날것이 되고 싶다
옷걸이마다 걸린 오늘들
거리로 소리들이 쏟아지며
슬그머니 상상하기 좋은 밤이 일어난다

너, 해바라기

나는 섰다
천천히 생의 힘을 빼
조금씩 검은 수의를 걸치는
꼿꼿하게 등을 세우고
태양을 향해 방향을 틀거나
때로 스치는 날개
속내를 내거는 가을 이파리
듣지도 봐주지도 않는
늙은 해바라기
네 곁에 섰다
저물녘 평화를 파고드는 저림
알알이 찬 생의 기록을 들출 수 없어라
이런 민낯으로 뽀얀 살
아무리 고소할지라도
꼭꼭 씹으라는 유언을 들어줄 수 없어라
너는, 저무는 들의 키다리 아저씨
얼룩덜룩한 맘에 새로 피는 꽃

해결되지 못한 구간

아직해결되지못한구간이있다
삐죽삐죽아파트가허락되지않은
고령의낡은도시
그골목을따라가면
싹밀어버릴수없는집들
쓱쓱쓸어버릴수없는사람들
때로분노하고, 잊지못하는
용서할수도하기도싫은
빨리치유되지않는마음들
빨리찾아온기나긴노년까지
마디마디관절처럼오는고비
시련의고수라도녹록지않은구간
굽이굽이여전한언덕길
각질일어난나무
야트막한철담장
휘휘감아도는능소화
해결하기벅찬구간에서면
나체의몸구석구석

나팔꽃같은 연한 귀를 달고달아
삶의 비법을 전하고 있다

메일을 열면

안녕으로 시작하는 메일을 열면
숨통 트이고 세상 문이 조금 열리는 듯
잡념과 오염된 생각은 가고
그저 꽃이 피고 나비는 날고
젖은 몸은 마르고
언 손까지 녹아 따스하도록
마냥 기다릴 수 있다
클릭 한 번의 처방으로
쉬 열리는 사람이 되다니
단풍 속에서 함박눈 속에서
안녕으로 시작하는 당신이 열리면
그리움도 쌓이지 않아

심해물고기

 모든계획이수포가된것처럼날이새버렸다

 별을보며헛된상상을하면안돼,바다으로바닥으로,퇴화한것들은살아남기위하여,지느러미를움직여몸뚱이를숨겨야지,숨돌린것들눈먼것들무섭많은것들을노려야지,감각을곤두세워빠르게덮쳐야지,굶주릴수록제스스로무기가되는것,맑은물에서살수없다면깊은물에서,살수없다면죽어서라도살아야지,비늘없는살이모래속으로,못생긴몸이울퉁불퉁한바위속으로,이바닥에서살아남으려면퇴화한눈으로도빛을볼수있어야지,암,스스로빛을내어그녀를불러야지,스스로를버리며진화해야지,에메랄드빛바다에서살아남으려면,역설적으로살아야지,아직발견되지않았고,붙여진이름도없지만

 다시계획을짤수있는어둠,기적같은밤이또올지몰라
 모르지,심해에서온물고기모모씨,바다와하늘을누비며일광욕을했다는,꿈은이루어지더라는뉴스,찡한이야기,전설의주인공이될지,어떻게알아,인터뷰를읽은누가,멋진이름을붙여줄지

한 뚝배기 추어탕

좌르륵 주인장은 망의 주둥이를 틀어
검붉은 다라이 안으로 미꾸라지를 쏟았다
배가 누래야 최상품 토종
손님들 보시라
의기양양하게 모노드라마를 찍으신다
퍼득퍼득 공포가 사방으로
절정의 함박눈
저항조차 멎어버림

그래, 쫄아가는 정신을 실컷 보라
그래, 이 절규를 파시라
결코, 당신들의 뼈와 살이 되지 않겠다

고향 떠나 작은 꿈도 이루고
달달하고 재미있는 날
미네랄 풍부한 진흙 속을 미끌미끌
하루쯤은 폼 잡을 날 있겠거니
행운은 특약사항

선을 넘으면 편도 적

다들, 미안한 마음 있으시다면
산초를 듬뿍 넣어 드시라
내 무덤에 한 삽 흙을 뿌리듯
죽어서도 자연산 대접 받지 못하나
펄펄 끓어오르는 비명도 거둬
당신들께 진심 대접하리다
흐물흐물 다 풀린 오기
한 뚝배기 추어탕

봄눈

고의적이지 않았을 텐데
지독하게 봄눈이 내렸다
풀풀 가벼운 것들의 공격
그래, 기습적이어야 했어
이 아름다운 아수라장
아스팔트를 삼키고 하얘진 길
당황과 분노의 충돌
가면을 벗은 이들의 삿대질
이 아름다운 전쟁
생의 무거움에 대해 이야기하고 싶었을까
휴교령을 기쁘게 맞은 아이들
장군 같은 눈사람을 앞세우고
격렬하게 시작하는 눈싸움
저 아름다운 전쟁

정거장 풍경

휙 하니 남자의 모자가 날아간다
아, 당황하는 몇 올의 머리칼
가로수 같던 사람들
김장독의 김치처럼 꾹꾹 웃음을 참고
단추처럼 붙은 어르신의 두 눈만
명작인지 졸작인지 모를
한 사내의 역사를 가늠하다
간절할수록 냉큼냉큼 꺼지는 담뱃불
바람의 자비가 필요한 정거장
멱살을 잡고 말 굵은 목소리보다
공격적인 고깃집의 연기
꼬르륵꼬르륵 구겨져 가는 소장 대장 막창
떠나거나 돌아가야 하지만
버스보다 정체된 사람들
아직 안전핀을 풀지 않는 수류탄
애드벌룬처럼 시련의 고수가 된
명작이 될지 졸작이 될지
오늘도 정거장 풍경을 그리다

시가 된 시인

그녀의 집은 푸른 무덤입니다
무덤에서 나온 발
평생 황폐한 생을 걸었습니다
그리고 무자비하게 살아있습니다
쓸쓸하였고 외로웠던
버티기 벅찼던 검은 밤들
별만큼 삼킨 수면제
허공을 걸으며 수없이 올려본 하늘
그녀는 검은 운명을 믿었습니다
사랑 없는 시대
과감히 미쳐버린 그녀
시가 된 시인, 최승자
21세기가 찍어준 주홍 글씨
기초생활수급자
철저히 비극적인 한 방을 맞은
시가 된 시인, 최승자

해설

허술한 암호와 실존의 내막

신종호(시인)

1. 불안의 '너머'

삶이란 무엇일까? 이 질문은 인류가 존재하는 한 끊임없이 제기될 절박의 사안(事案)일 것이며, 또한 그 누구도 명확한 답을 제시할 수 없는 불가능의 영역일 것이다. 인간 일반의 삶에 대한 물음의 향방이 그러할진대 '나'라는 개별의 삶에 대한 근접의 물음은 그보다 더더욱 절실하고 불가해할 수밖에 없을 것이다. 살아가고 있지만, 그 살아감의 의미가 무엇인지 뚜렷하게 인지되지 않을 때 필연적으로 "왜?"라는 반박을 쏟아낼 수밖에 없다. 그러한 반박은 논리적으로 설명되지 않는 삶의 난관(aporia)과 관련을 갖는다. 살아있음의 의미는 죽음이라는 명제를 통해 보증되고 유지된다. 그러므로 삶에 대한 성찰은 시간의 흐름이 빚어내는 불가피한 운명, 즉 죽음으로의 접근이라는 '불안'(angst)의 미래에 닿을 수밖에 없다. 불안은 제거되어야 할 정념이 아니다. 그것은 삶의 또 다른 이름이다. 냉정히 말하자면, 희망을 사유함으로써 삶의 가치가 인정된다기보다 불안을 사유함으로써 삶의 의미가 지속되는 것이라 할 수 있다. 그러므로 삶의 지속이란 불안의 그림자에 숨겨져 해독(解讀)되지 않는 낯선 '암호'를 풀어가(려)는 싸움의 여정이라 할 수 있다.

불안 없이 희망을 말하는 것은 공소(空疏)하고, 희망 없이 불안을 말하는 것은 암울하다. 이혜자 시인의 두 번째 시집 『나에겐 암호가 걸려 있다』는 불안의 사유를 통해 불안의 '너머'를 통찰한다. 이번 시집에 실린 시들이 독자에게 전하는 남다른 공감력은 불안의 끝에 희망이 있다는 상식적 메시지에서 벗어나 그 '너머'의 세계가 희망의 공간일 수도 있고 그렇지 않을 수도 있다는 개연성의 통로, 즉 "예고편만으로 짐작할 수 없는 반전들의 앞날들"(「집으로 가는 길」)이라는 예측불허성의 세계를 제시하는 데서 나온다. 짐작할 수 없는 삶의 행로, 그것이 이번 시집에 드러난 불안의 표면(表面)이자 암호화된 희망의 이면(裏面)이다. 삶의 예측불허성 앞에서 시인은 "마스크를 벗고 가발을 벗어던지고/훨훨 멋지게 날자"(「첫차를 타고」)는 희망의 의지를 보이면서 한편으로는 "왜, 내 감탄사는 사라졌던가/왜, 쉽게 멍들었을까/왜, 거울을 보지 못했을까/

왜, 제대로 살겠다고 결심하지 않았을까/왜, 사는 것이 익숙하지 않았을까"(「왜」)라는 반문을 던진다.

일견, 자학적(自虐的)으로까지 보이는 시인의 반문에 담긴 내막의 단초는, 첫 번째 시집 『나의 드라마』에 "한때 나의 생 또한 꽃이 만발하였다/그리고 단풍이 들었고/후두둑 졌고/바삭바삭 부서지고/마침내 주인공이 뛰쳐나간/그렇고 그런 드라마가 되었다"(「나의 드라마」)는 구절에서 찾아볼 수 있다. 인간의 삶은 시간 앞에서 마르고 부서질 수밖에 없다. 그것은 누구도 피할 수 없는 보편의 운명이다. 삶이란 시간의 무대에 예속된, 그것도 주인공이 사라진 "그렇고 그런 드라마"의 상연(上演)에 다름 아니라는 시인의 인식은 실존의 허무를 짙게 보여준다. 더욱이, 피가 생성되지 않는 희귀병을 앓아야 했던 시인에게 그러한 허무의 고통은 남달랐을 것이다. 시인은 그러한 고통의 심정과 함께 첫 시집에 실린 또 다른 시 「나는 희망한다」에 "차라리 꿈틀꿈틀 벌레이고 싶다"는 염원으로 희망의 의지를 드러낸다. 꿈틀거리는 벌레의 움직임은 고통과 희망이 엉겨 붙은 실존의 몸부림이다. '영김'은 이번 시집의 주요한 모티브로서 삶과 죽음, 고통과 희망, 일상과 기적, 나와 가족이라는 관계들을 바라보는 시인의 '특별한' 의식을 반영한다.

2. 엉김과 미끄러짐

 이혜자 시인의 시가 갖는 흡입력은 일상적인 것을 통해 특별한 것의 의미를 전달하는 데서 나온다. 요리를 하고, 책을 읽고, 외출을 하는 등등 친숙하고 평범한 생활의 영역에서 시인은 자신만의 독특한 시선으로 일상 속에 감춰진 세계의 낯선 표정을 읽어낸다. 손으로 잡기 힘든 작은 것들을 핀셋으로 끄집어내듯 섬세하고 예리한 관찰로 자신의 일상과 주변을 해부해 낯섦을 적출(摘出)하는 시인의 눈길은 조용하면서도 강렬한 의식의 파고(波高)를 만들어낸다. 그러한 관찰력은 당연한 것처럼 보이는 일상의 흐름들을 끊어냄으로써 이 세계의 의미를 재발견하게 만든다. 친숙함 속에 은폐되었던 세계의 이면을 읽어내는 시인의 사유는 암호화된 실존의 삶, 즉 내면 깊숙한 곳에 봉인되어 꿈틀대고 있는 불안의 실체를 소환해 삶의 조건으로 인식하려는 성찰의 의지라 할 수 있다.

> 도마와 칼 사이에 잘려지는 야채의 중간음
> 가벼운 가락에 파, 당근, 양파, 풋고추, 백설햄은
> 속성을 버리지 않아도 될 만큼 썰려
> 풀어둔 계란 속으로 푹 몸을 담그고 서로를 굴려본다
> 도무지 엉킬 것 같지 않던 야채들이
> 끈끈이 주걱풀에 달라붙는 날벌레처럼 계란에 엉켜 허우적대다가

심심한 소금기를 입고 마침내 계란말이가 되기 위하여
기름으로 달구어진 프라이팬에 쭈욱 배를 깔고 눕다
안식은 마음먹기에 달렸다는 듯
앞쪽을 지지면 돌아눕는 속 보이는 여유
등짝과 뱃살에 도는 노르스름한 달관의 빛이 부럽다
계란말이가 필요한, 상기된 얼굴들이 들어온다
이불장 속에 개어둔 이불처럼 맞닿아 산다지만
아픔을 관찰하는 일 없이 서로의 곁방살이로 살고
콜록콜록 색다른 의성어를 뱉으며 앓아도
왔던 길로 나가기만을 오랜만에 온 감기에게 바랄 수 있을 뿐
이제 내 몸에 엉키는 것은 회충과 같은 몸 안 벌레들뿐이다
사랑하고픈 것들은 등 보일 것조차 남아 있지 않은 밤
계란말이는 입에 넣기조차 민망한
위대한 간식이다

—「계란말이」 전문

「계란말이」는 제목이 시사하는 바처럼 계란말이를 만드는 과정을 소재로 삼고 있다. 특징적인 것은 단층촬영을 하듯 요리의 경로를 세부적으로 묘사하면서 그것을 자신과 가족관계 나아가 실존의 영역까지 확장해 의미화한다는 점이다. 요리

를 삶에 비유하는 것은 자칫하면 진부할 수 있다. 그러나 시인은 예사롭지 않은 시어의 선택으로 진부함의 덫을 확실하게 걷어낸다. 그 예사롭지 않음은 "도마와 칼 사이에 잘려지는 야채의 중간음"이라는 첫 구절에서부터 감지된다. 바닥에 놓인 '도마'와 허공에 떠 있는 '칼'의 상하(上下) 구도에 "야채의 중간음"이라는 비유가 삽입되면서 도마와 칼은 요리의 도구라는 일차적 의미를 벗어나 실존의 운명을 재단하는 '섭리'(攝理)의 장치로 상징화된다. 칼질에 의해 잘려질 수밖에 없는 야채들의 운명은 자연의 섭리에 따라 죽음을 맞이할 수밖에 없는 실존의 처지와 동일한 맥락을 이루고 있으며, '중간음'이라는 청각적 심상(心象)은 유한한 존재들이 겪게 되는 고통의 진폭을 나타낸 것이라 할 수 있다. "속성을 버리지 않아도 될 만큼" 썰려지는 소리는 죽음에 이를 만큼의 강도(强度)로 다져지는 고통의 연속성을 의미한다. 그러한 고통의 지속을 고음도 저음도 아닌 중간음에 비유한 것은 고통의 엉김, 즉 크고 작은 고통의 소리들을 한 개념으로 일반화함으로써 실존의 삶이 여러 겹의 고통으로 겹쳐진 다성(多聲)의 복합체라는 것을 보여주려는 의도라 할 수 있다. 또한 도마와 칼 사이, 즉 위태로운 경계(境界)에 위치한 것이 실존의 토대라는 것을 암시하려는 의도이기도 하다.

  시인은 잘려진 야채들이 서로 엉기고, 달라붙고, 허우적대고, 눕는 일련의 과정을 관찰하면서 삶의 의미를 반추(反芻)

한다. 엉김으로 완성된 계란말이에서 시인은 안식과 여유와 부드러움의 의미를 읽어낸다. 그렇지만 자신이 접하는 일상의 영역들은 그것과 달리 "이불장 속에 개어둔 이불처럼" 맞닿아는 있지만 결코 엉기지 못하는 표면적 접촉의 관계일 뿐임을 실감한다. 같은 공간에 있지만 서로에게 무관심한 '곁방살이'의 삶을 살면서 '색다른 의성어'를 내뱉는 가족의 모습은 사랑과 소통의 부재(不在)를 지시한다. 그러한 상황은 비단 시인의 가족에만 국한되는 사태는 아니다. 그것은 관계의 소통불가능성으로 점점 고립화되고 파편화되어 가는 이 세계 전반의 경향을 환기한다. 그런 현실로부터 느끼는 불쾌의 감정을 시인은 몸속에 '회충'과 같은 벌레들이 엉키는 촉감으로 표현한다. "사랑하고픈 것들은 등 보일 것조차 남아 있지 않은 밤"의 고독과 계란말이를 보며 느끼는 민망함의 감정은 서로의 아픔을 깊숙이 보듬지 못하고 겉으로만 맴도는 이 시대의 표피적(表皮的) 관계에 대한 일종의 냉소라 할 수 있다. 입에 넣기조차 민망한 "위대한 간식"이라는 역설의 표현은 사랑이 부재한 시대와 사랑을 추구하는 시인 사이의 메꿔질 수 없는 간극을 보여준다. 그 간극을 시인은 '냉소'와 '연민'의 두 감정으로 오르내린다.

창자 터진 길 위에 넘치는 오물
소화되지 못한 차들이 늘어선 아침

짤막짤막한 목숨들에 대한 연민이 생긴다
(중략)
여자의 손에 들린 비닐 속에는
푸른 미꾸라지들이 몸부림친다
미끈거리는 몸끼리의 끌어당김은
닮을수록 밀어내는 자석처럼 애달프지만
얼큰한 매운탕을 끓여야 한다
(중략)
미꾸라지는 더 요란히 꿈틀거리고
연민은 끝나지 않는 말줄임표가 된다
빈속으로 음악을 만드는 댓잎의 떨림
어지러운 속을 여자는 게워내고 싶다
책장에 박힌 글자들 틈에 살아왔으므로
울 줄도 모르는 여자
틀어쥔 비닐의 입구를 열자마자 미꾸라지들이
끈적이는 땅 위에 확 쏟아진다
부둥켜안고 불렀을 노래, 하얀 거품들과
　　　　　　　　　　　—「미꾸라지의 언어」 부분

　앞서 분석한 「계란말이」가 영감과 사랑의 의미를 성찰했다면, 「미꾸라지의 언어」는 미끄러짐과 연민을 성찰한다. 그런 점에서 두 시는 의식의 '짝패'를 이룬다. 미꾸라지를 사러 나선 아침의 일상에서 마주한 '창자 터진 길'과 '오물'의 풍경은 세계를 바라보는 시인의 내면 의식을 보여준다. 시선이란 내면의 표출이다. 따라서 외부의 풍경은 곧 내면의 풍경이다. 길이 막혀 차들이 정체된 아침의 일상을 시인은 창자 안의 음식물이 터져 나와 오물이 가득한 풍경으로 묘사한다. 이는 현실에 대한 냉소와 연민의 두 감정이 투영된 것이라 할 수 있다. 바쁘게 움직이는 현대인들의 모습은 "짤막짤막한 목숨"이라는 비유가 지시하는 유한성의 운명에서 보자면 덧없는 풍경에 지나지 않는다. 언제, 어디서, 어떻게 죽음과 직면할지 모를 예측불허의 순간이 삶의 본질임을 망각한 "짤막짤막한 목숨"들의 바쁜 움직임은 비닐 속에 담겨 몸부림치는 미꾸라지들의 불쌍한 운명과 다를 바 없다는 것이 시인의 생각이다. 미끈거리는 몸으로 서로를 끌어당겨 보지만 닿을수록 밀어내기만 하는 '미꾸라지'의 모습은 죽음의 의미를 망각한 채 일상에 매달려 아등바등하는 실존의 삶을 촉각적으로 보여준다. 얼큰한 매운탕으로 끓여질 미꾸라지의 운명을 인간의 삶에 비유해 연민의 감정을 드러내는 시인의 시선은 일견 냉혹해 보인다. 그러한 연민은 타인만이 아니라 자신의 삶에 대한 연민이기도 하다. 자신의 삶도 한 그릇의 추어탕으로 끓여질 미꾸라지의 비참한 운명과 다르지 않다는 불안의 정서를 시인은 "말줄임표"와 "댓잎의 떨림"이라는 이미지를 통해 보여준다. '책장'과 '글자'로 표상된 관념의 세계에 '갇힌' 자신의 모습과 비닐봉지에 '담긴' 미꾸라지의 모습이 하등 다를 바 없다는 확인과 그러한 '갇힘'의 세계로부터 벗어나야겠다는 반전의 모색이 이번 시집에 실린 시들의 전반적 흐름이라 할 수 있다.

3. 불확실성과 삭감

엉기지 못하고 미끄러지기만 하는 실존과 세계의 모습을 담아낸 「계란말이」와 「미꾸라지의 언어」는 이번 시집에 실린 시들의 지향성이 무엇인지를 밝혀주는 통로 역할을 한다. 단도직입적으로 말하자면, 시인이 지향하는 바는 "틀어쥔 비닐의 입구"(「미꾸라지의 언어」)를 여는 것이다. 그러한 의지를 시인은 "불순물을 제거하고/나의 내부가 열리려 합니다"(「파도가 옵니다」)라는 표현으로 드러낸다. 여기서 중요하게 봐야 할 것은 '열리려' 한다는 잠재적 가능성의 표현이다. 열릴 수도 있고, 그렇지 않을 수도 있다는 잠재적 가능성의 표현은 의지와 현실 사이의 갭(gap)에 대한 성찰을 드러내는 것이라 할 수 있으며, 이는 그 누구도 자신의 삶과 미래에 대해 단언(斷言)할 수 없다는 인식을 반영한다. 시의 울림은 불확실성의 내막을 인식하는 데서 나온다. 이혜자 시인의 시들은 확실성보다는 불확실성을, 사랑보다는 분노를, 행복보다는 불행을, 해결보다는 미해결의 영역을 다룸으로써 독자들에게 생생한 공감을 전한다. 잠재적 가능성은 앞서 설명한 "예고편만으로 짐작할 수 없는 반전들의 앞날들"(「집으로 가는 길」)에 내포된 예측 불허성의 의미와 맥락을 같이한다. 불확실성과 예측불허성의 세계를 사유하는 것은 "행복이란지구의사막/(중략)/교훈은암호로남겨/불가사의한일이지만/모두그래"(「모두 그래」)라는 표현에서처럼 '행복'이라고 지칭되는 것들의 이면에 숨겨진 '암호'들, 즉 인정하고 싶지 않지만 인정할 수밖에 없는 불편의 진실들과 대면하게 만든다. 또한 실존의 내면에 숨겨진 나약과 비굴과 허술함과 타협과 착각의 도습을 반추하게 함으로써 일상의 허위가 무엇인지를 인식하게 만든다. 불확실성과 미해결과 불가능을 사유함으로써 이 세계와 실존의 삶이 우리가 생각하는 것처럼 희망적이거나 합리적이지 않다는 것을 드러내려는 것이 시인의 전략이라 할 수 있다. 그러한 전략의 핵심은 '반전'의 날들을 모색하는 것이다.

①
아직해결되지못한구간이있다
삐죽삐죽아파트가허락되지않은
고령의낡은도시
그골목을따라가면
싹밀어버릴수없는집들
쓱쓱쓸어버릴수없는사람들
때로분노하고, 잊지못하는

용서할수도하기도싫은

빨리치유되지않는마음들

빨리찾아온기나긴노년까지

마디마디관절처럼오는고비

시련의고수라도녹록지않은구간

—「해결되지 못한 구간」 부분

②

나는 나대로

너는 너 나름으로 돌 뿐

만나선 안 되는 위성들

꼬리를 달고 은하수에서 낙하한 별

그저 조금 다른 돌덩이

—「낮달」 부분

③

　꼬르륵 꼬르륵 살고 싶은 소리, 소리가 뱃가죽을 두드린다, 쥐어뜯는다, 내게도 통로가 있었단 말인가, 하루쯤 탈출하고 싶다, 언제나 밖에서 잠긴 비상구, 곰팡이는 대체 어디서 피어나는지, 스멀스멀 틈을 노리는 곰팡이를 박멸하리라, 아니, 조금은 덜 비굴한 모습으로 타협하리라, 3시처럼 웅크려 작전을 짠다, 싸움에서 이기기 위해, 저 웃음

을 견디기 위해, 꼼꼼하게 전략을
—「곰팡이와 싸우다」 부분

 반전의 전략은 세계가 어떻게 자신과 불화하고 있는지를 파악함으로써 수립된다. 위에 인용한 시들은 세계와 자신이 근본적으로 불화할 수밖에 없다는 인식을 보여준다. 불화를 근본적인 것으로 인식한다는 면에서 이혜자 시인은 철저한 실존주의자다. '철저한'이라는 수식을 붙인 이유는 가계(家系)의 불행한 내력과 병마와의 싸움이라는 시인의 경험에 새겨진 고통의 깊이가 예사롭지 않다는 사실에 연원한다. "아버지가 버리고 간 가계를/순서가 정해진 듯 뒤껻 감나무에 목을 맨 어머니/밥상에 찬거리를 늘리는 다음 일은 나의 몫이었다지만/너무 오래 동생을 시래기처럼 묶어두었다"(「감꽃」)는 표현에 드러난 바처럼, 시인의 삶은 감당할 수 없는 고통들의 연속이었음을 짐작할 수 있다. 그러한 삶을 시인은 "빌어먹을 생"(「그녀가 남긴 생」)으로 압축한다. "빌어먹을 생"이라는 함축 속에는 논리로는 이해할 수 없는 삶(운명)의 불가해성에 대한 분노가 담겨 있다. 시인의 분노는 사랑의 부재, 즉 서로 엉기지 못하고 미끄러지기만 했던 관계들(가계, 가족, 이웃, 현실 등)에 대한 실존적 분노라 할 수 있다. 그러한 분노 감정이 때에 따라 "사랑이란 사랑 모두/멸망해버려라"(「하얀 멸망」)는 극단의 목소리로 표출되기도 하지만 위에 인용한 시들처럼 실존성에 대한 '깊이'의 사유로 체계화되고 있다는 점에서 이혜자 시인은 '철저한 실존주의자'라 할 수 있다.

실존의 깊이를 사유하는 것은 삶의 난제(難題, aporia)와 소통의 궁극적 불가능성을 탐색의 대상으로 삼아 삶의 본질을 규명하려는 것이라 할 수 있다. 시 ①의 경우, "아직해결되지못한구간"이라는 지점을 설정해 삶이란 미해결의 구간을 통과하는 시련의 과정임을 보여준다. 밀어버릴 수도 없고, 쓸어버릴 수도 없는 난제의 현실 앞에서 분노하고, 잊지 못하고, 용서할 수 없고, 용서하기도 싫은 감정의 소용돌이를 겪는 게 실존의 본연적 삶이다. 시련의 고수라도 만만히 상대하기 어려운 미해결의 구간은 삶의 본질적 영역이다. 시련 없는 삶은 없기 때문에 그렇다. 본질적이라는 규정에는 절대성이 내포되어 있다. 따라서 고통의 절대성은 삶의 허무와 관련성을 가질 수밖에 없다. 그러나 시인은 '아직'이라는 부사(副詞)로 절대성의 시련에 내포된 허무와 고통의 계기를 지연(遲延)시킨다. 그러한 지연으로 인해 "빨리찾아온기나긴노년"이라는 의미가 허무하게 느껴지지 않는다. '빨리'와 '기나긴'이라는 모순의 시간을 함축한 '노년'의 시기는 조급함의 불안과 느긋함의 평온이 공존하는 기묘한 분위기를 자아낸다. "빨리찾아온기나긴노년"이라는 특출한 표현은 깊이에의 사유가 없다면 결코 나올 수 없다. 시 ②의 "그저 조금 다른 돌덩이"라는 표현도 동인한 뉘앙스를 보인다. '나'는 '나'대로, '너'는 '너'대로 각자를 중심으로 도는 게 실존의 삶이라는 인식은 이혜자 시인만이 아니라 다른 시인들에게서도 찾아볼 수 있다. '돌덩이'라는 이미지를 통해 실존의 다름과 소통의 궁극적 불가능성을 표현하는 것도 마찬가지다. 그러나 "그저 조금"이라는 표현은 이혜자 시인만의 고유함이라 할 수 있다. 절대적 다름도 아닌, 그렇다고 다름이 인식되지 않을 만큼의 아주 미세한 차이도 아닌 "그저 조금"의 다름은 독자들에게 깊고 섬세한 뉘앙스를 전달한다. "그저 조금"이라는 표현으로 인해 '돌덩이'라는 이미지의 무거움이 상쇄되고, 다름의 절대성도 완화된다. 이러한 섬세함으로 인해 불확실성과 불가능성의 사유에서 표출될 수 있는 허무와 고통의 하중(荷重)이 현저히 삭감된다.

실존의 고통과 불안은 제거될 수 없다. 삭감될 뿐이다. 삭감된다는 것은 가벼워지는 것이고, 가벼워진다는 것은 견딘다는 것을 뜻한다. 시 ③은 견딤의 전략이 무엇인지를 보여준다. 시인은 살고 싶음의 욕망과 자유에의 의지를 보이지만 "언제나 밖에서 잠긴 비상구"에 의해 차단된다. 밖에서 잠겼다는 것은 자신의 의지와 상관없이 갇히게 되었음을 의미한다. 이는 탈출 불가능성을 지시하며, 세계(현실)가 실존의 거대한 감옥임을 암시한다. 어디서 피어나는지 모르는 '곰팡이'는 갇힌 자의 내면에 들러붙은 습하고 어두운 의식들, 즉 내면의 불안을 환기한다. 곰팡이를 '박멸'할 것인가 아니면 그것과 '타협'할 것인가, 라는 문제는 시비(是非)의 공리(公理)가 아닌 실존적 선택의 문제다. 이 상황에서 시인은 "조금은 덜 비굴한 모습으로 타협"하는 방식을 취한다. "조금은 덜"이라는 표현은 앞의 "그저 조금"처럼 실존의 선택지에 내재된 비굴과 타협의 하중을 경감한다. 내면의 불안은 죽음에 의해서만 제거된다. 삶의 영역(감옥)에서 불안은 제거될 수 없다. 시인이 취한 타협의 방식은 불안의 삭감을 의미하며, 이는 죽음이라는 운명이 짓는 '웃음'에 맞서 보란 듯이 삶을 살아내는 견딤의 방식(전략)이라 할 수 있다. 그러한 전략의 의지를 시인은 "그래, 살아야겠다, 직장도 애인도 부모처럼 잃어도 나는 살아야겠다, 이유가 있든 없든 그래야겠다."(「그녀가 남긴 생」)라는 다짐으로 드러낸다. "그래, 살아야겠다"는 긍정의 의지, 이것이 불안의 너머를 사유하는 시인의 지향성이다.

4. 소리와 암호

유한한 삶 앞에서 영원한 것들의 실체는 이해되지 않는 암호처럼 존재한다. 이해되지 않기에 실존들은 "왜?"라는 물음을 던진다. 이번 시집 『나에겐 암호가 걸려 있다』는 그런 물음의 진폭으로 가득하다. 삶과 죽음, 고통과 기쁨, 불안과 희망, 자유와 억압이라는 선택지의 항목들은 자신의 의지로 선택할 수 있는 것들이 아니다. 스스로 선택했다 믿어도 결국엔 자신의 선택이 아니라는 것으로 귀결된다. 이것이 삶의 역설이고, 실존의 운명이다. 삶은 죽음을 향한 여정이며, 그로 인해 매일매일의 시간은 작은 죽음들의 연속이 된다. 죽음을 향한 시간의 점진성(漸進性)에 내재된 냉혹성을 시인은 "그리 오래되지 않았다, 고물이 되기까지, 째깍째깍 그리고 오늘, 나는 해고당했다."(「자화상」)는 진술로 드러낸다. 매일매일 해고당하면서 고물이 되어가는 것이 삶의 과정이라는 게 시인의 세계관이다. 그러한 세계관을 바탕으로 삶의 역설에 대한 "왜?"의 질문과 고통의 삶을 향해 쏟아낸 "단어들과의 전투"(「답장」)라는 두 얼개로 일상과 가족과 세계의 이면에 은폐된 암호를 적출하여 풀어내려는 것이 이번 시집에 실린 시편들의 움직임이라 할 수 있다. 시인이 말하는 단어들과의 전투는 살아야겠다는 절박함의 심정을 드러낸 것이며, 세계와 실존의 이면에 숨겨진 암호를 풀어내려는 강력한 의지를 보여주는 것이라 할 수 있다. 시인이 풀려고 하는 암호는 "내 소리 좀 들어줘/신도 듣지 못하는 소리/내 안에 터져야 할 거품 같은 분노"(「날마다 상상」)에 표현된 것처럼 아무도 자신의 소리를 들어주지 않는, 나아가 신조차 듣지 못할 정도로 웅어리져 있는 내면의 소리와 관련된다.

  긴시간을물고꽉닫힌두알의호두
  손아귀에서구르는언어

내소리를듣고는맞장구를쳐주네
대부분싸우기위해쓴말들
바닥이드러나고보면
삶은간결해있다
―「간결하다」 부분

새벽 배송된 싱싱한 단어 한 꾸러미
반품하지 못할 독약을 마시고
강렬하게, 아주 절박하게
새벽, 이 별의 주인공이고 싶었음을 기꺼이 망각하다
―「특별한 새벽」 부분

「간결하다」는 호두를 굴리며 떠오른 단상(斷想)을 적고 있다. 시인은 "꽉닫힌두알의호두"가 내는 소리를 '구르는 언어'로 표현한다. 나아가 호두가 부딪히며 내는 소리를 자신의 소리에 대한 맞장구로 생각한다. 이는 호두에 자신의 감정을 이입한 것이라 할 수 있다. "긴시간"을 물고 있는 꽉 닫힌 호두의 이미지는 터져야 할 거품 같은 분노를 내면에 담고 있는 시인의 모습과 겹쳐진다. 호두가 부벼지면서 내는 소리는 시인의 내면에서 부벼지는 소리의 반향(反響)이라 할 수 있다. 반향은 세계와 실존이 갈등하면서 내는 소리, 즉 전투의 소리라 할 수 있다. 그 반향의 소리가 언어화된 것이 이번 시집에 실린 시들의 내력이다. 그 내력이란 다름 아닌 "대부분싸우기 위해쓴말들"의 경로와 연관된다. 싸움의 말들에 담긴 분노가 다 소진되고 분출되어 '바닥'을 드러낼 때 삶은 '간결'해져 있다는 시인의 진술은 「특별한 새벽」의 "이 별의 주인공이고 싶었음을 기꺼이 망각하다"라는 진술과 대조된다. "싱싱한 단어 한 꾸러미"와 "반품하지 못할 독약"이라는 두 표현은 언어(단어)가 '약(藥)'이 될 수고 있고 '독(毒)'이 될 수도 있다는 것을 시사한다. 내면의 소리를 언어화했을 때 소리의 생생함은 사라진다. 소크라테스는 문자를 '독당근'을 뜻하는 '파르마콘'(pharmakon)에 비유했는데, 이는 소리의 생기(生氣)를 보존하기 위해 고안된 문자가 오히려 소리의 생기를 앗아간다는 문자의 이중성을 설명하려는 것이다. 이혜자 시인이 "싱싱한 단어 한 꾸러미"와 "반품하지 못할 독약"이라는 표현을 함께 배치한 것은 문자의 이중적 속성을 드러내려 한 것과 결코 무관해 보이지 않는다. 이러한 배치는 실존의 삶도 그러하다는 것을 암시하는 것으로 이해된다. 「간결하다」에 나타난 '언어'가 삶을 간결하게 만드는 약의 속성을 지닌다면 「특별한 새벽」에 나타난 '단어'는 주인공으로서의 삶을 망각하게 만드는 독의 속성을 지닌다.

내면의 의식, 즉 터져야 할 거품 같은 분노의 소리들이 언어로 표현되었을 때 의미의 간극이 생길 수밖에 없다. 문자는 소리의 의미를 기록하지만 소리의 의미를 온전히 담아낼 수 없다. 시인이 겪는 시 쓰기의 고통은 언어를 매개로 하지만 언어로 표현될 수 없는 '소리'의 세계에 있다. 이번 시집에 '소리'라는 표현이 유난히 많은 것도 그런 이유 때문이다. 시인이 '소리'에 집중하는 이유는 "나는 이곳에 던져질 때부터 부실했"지만 "유일하게 튼튼한 것이 있다면 깊은 밤 천장을 뛰어다니는 쥐처럼 활동하는 귀"(「빙글빙글」)를 가졌다는 표현에서 찾을 수 있다. 시인에게 세계는 소리로 존재한다. 몇몇 예를 들어보면, "모란이 아직 살아있는 소리"(「특별한 새벽」), "폐경 지난 꽃의 마르는 소리"(「나에겐 암호가 걸려 있다」), "창밖 아이들의 웃음소리"(「파도가 옵니다」)에서처럼 시인은 소리를 통해 살아있음과 죽어감과 행복함의 의미를 인식한다. 따라서 세계는 곧 소리이고, 그 소리를 민감한 귀로 청취해 언어로 표현한 것이 이번 시집의 시들이 만드는 실존의 파동(波動)일 것이다.

그렇다면 시인이 듣고 있는 세계의 소리는 무엇인가? 그것은 "도마와 칼 사이에 잘려지는 야채의 중간음"(「계란말이」)이다. 삶과 죽음, 고통과 기쁨의 '사이'에서 나는 소리들은 엉기고, 미끄러지고, 예측불가능하고, 불확실한 소리들이다. 그 소리들은 암호처럼 존재한다. 삶으로 설명될 수 없는 죽음과 죽음으로 설명될 수 없는 삶의 역설에 담긴 실존의 암호를 추적하는 것은 불안의 미궁(迷宮)을 헤매는 것과 같다. 미궁을 헤매면서 머뭇거리고, 타협하고, 간결해지고, 망각하는 삶의 행로를 시인은 "스릴러와 동화의 세계"(「베개 탓」)를 오가는 것으로 비유한다. 스릴러와 동화의 경계를 넘나들 수 있는 것이 '베개 탓'인 것처럼, 세계와 실존의 경계를 오갈 수 있는 것은 암호 때문일 것이다. 풀릴 수도 있지만 풀리지 않을 수도 있는 암호 탓에 우리는 불안의 '너머'를 들여다볼 수 있다. 그 너머의 세계는 누군가의 두드림에 의해 피어날 사랑의 시간들이 담겨 있을 것이다.

고요합니다
쥐 죽은 듯이 사방이 이러합니다
폐경 지난 꽃의 마르는 소리
마른 목에 침 넘어가는 소리
건전지를 빼버린 시계처럼
넘어가기를 기다리는 책장
슥슥 뭐든 기록하고픈 연필
숨조차 쉬는 것이 없습니다
쓰다듬어봅니다
손등에서 쭈욱
오른쪽 왼쪽 두 볼도
가슴도 쓸어봅니다
봉지마다 꽃씨가 담긴 듯
폴더마다 나눠 담긴 나는

클릭으로 열리지 않습니다
당신이 두드리면 열리고 마는
나에게도 꼭꼭 심어둔
허술한 암호가 있습니다
    —「나에겐 암호가 걸려 있다」 전문

 이혜자 시인의 두 번째 시집 『나에겐 암호가 걸려 있다』는 일상적 소재를 통해 실존의 불안과 운명을 깊이 있게 사유한다는 점에서 남다름을 보인다. 살아야겠다는 절박의 의지와 제대로 살아지지 않는 현실의 경계를 횡단하며 일상의 이면을 해부하는 섬세한 관찰력은 관념의 도약으로 실존의 고통을 모호하게 만드는 추상적 경향과 확실한 차별성을 갖는다. 그러한 점이 이혜자 시인의 강점이라 할 수 있다. 또한 '암호'라는 개념을 통해 세계와 실존의 관계를 사유함으로써 우리의 삶 자체가 해독불가능하다는 사실을 드러낸 점도 인상적이다. 장보드리야르의 말을 인용해 이혜자 시인이 말하는 암호의 기능을 설명하자면, "암호라는 표현은 사태를 구체화하는 동시에 전체적인 열린 전망 속에 위치시킴으로써 사태를 다시 파악하게 할 수 있게 하는 것"이라 할 수 있다. 실존의 사태를 구체화함으로써 실존의 의미를 열린 전망 속에 재배치시키는 전략, 그것이 이혜자 시인의 시에 드러난 반전의 의미일 것이다. '당신'이 두드리면 열리고 마는 '나'의 "허술한 암호"가 지시하는 것은 반전으로 재배치된 새로운 '사랑'의 시작이 아닐까? 허술하다는 것은 누군가의 도래(到來)를 염원하는 사랑에의 의지이자 외부를 향해 자신의 내면을 열어놓으려는 은밀한 결단일 것이며, 다음 시집의 '문(門)'을 여는 비밀의 열쇠일 것이라는 게 독자로서 갖는 나의 바람과 전망이다.

이 도서의 국립중앙도서관 출판시도서목록(CIP)은 서지정보유통지원시스템 홈페이지(http://seoji.nl.go.kr)와 국가자료공동목록시스템(http://www.nl.go.kr/kolisnet)에서 이용하실 수 있습니다.(CIP제어번호: CIP2020016045)

시인동네 시인선 126

나에겐 암호가 걸려 있다

ⓒ 이혜자

초판 1쇄 인쇄 2020년 4월 22일
초판 1쇄 발행 2020년 4월 29일
  지은이 이혜자
  펴낸이 고영
  책임편집 이리영
  디자인 헤이존
  펴낸곳 문학의전당
  출판등록 제448-251002012000043호
   주소 충북 단양군 적성면 도곡파랑로 178
   전화 043-421-1977
  전자우편 sbpoem@naver.com

  ISBN 979-11-5896-464-1 03810

*이 책의 판권은 지은이와 문학의전당에 있습니다.
*양측의 서면 동의 없는 무단 전재 및 복제를 금합니다.
*잘못 만들어진 책은 바꿔드립니다.